UNIVERSITÉ DE FRANCE.

ACADÉMIE DE STRASBOURG.

THÈSE
POUR LA LICENCE,

PRÉSENTÉE

A LA FACULTÉ DE DROIT DE STRASBOURG

ET SOUTENUE PUBLIQUEMENT

le Jeudi 3 Mars 1853, à midi,

PAR

ARMAND FUCHS,

de Molsheim (Bas-Rhin).

STRASBOURG,

DE L'IMPRIMERIE D'ÉDOUARD HUDER, RUE DES VEAUX, 27.

1853.

A MON PÈRE.

A MA MÈRE.

ARMAND FUCHS.

FACULTÉ DE DROIT DE STRASBOURG.

MM. Aubry ✻. . . . . . . doyen et prof. de Droit civil français.
Rautèr ✻ . . . . . . doyen honor. et prof. de procédure civile et de législation criminelle.
Hepp ✻ . . . . professeur de Droit des gens.
Heimburger. . . . . professeur de Droit romain.
Thieriet ✻ . . . . . professeur de Droit commercial.
Schützenberger ✻ . professeur de Droit administratif.
Rau ✻. . . . . professeur de Droit civil français.
Eschbach . . . . . . professeur de Droit civil français.

Blœchel ✻ . . . . . professeur honoraire.

Destrais. . . . . . . professeur suppléant.
Luquiau . . . . professeur suppléant.
Michaux-Bellaire . professeur suppléant provisoire.

Bécourt, officier de l'Université, secrétaire, agent compt.

MM. Aubry, président de la thèse.

Aubry,
Hepp,
Heimburger,
Michaux-Bellaire, } examinateurs.

La Faculté n'entend approuver ni désapprouver les opinions particulières au candidat.

DROIT CIVIL FRANÇAIS.

DE L'INTERPRÉTATION DES LOIS CIVILES

ET DE LEUR APPLICATION.

Introduction.

Interpréter la loi, c'est l'*expliquer*, en découvrir le véritable sens, déterminer la portée de ses termes, combler les lacunes qui peuvent s'y rencontrer.

L'interprétation de la loi constitue une *science* qui a ses règles particulières; c'est, dit M. Demolombe (Cours de Code civil, t. Ier, no 116), une œuvre de raisonnement et de logique. L'interprétation des lois, c'est la science elle-même tout entière, c'est le grand et difficile problème dont la connaissance fait le jurisconsulte réellement digne de ce nom.

L'*application de la loi*, c'est l'interprétation de la loi *au point de vue d'un fait déterminé*. L'application de la loi présuppose la science de l'interprétation en général.

Lorsque l'interprétation se fait par l'application de la loi à une espèce particulière, en déterminant, pour le cas soumis, quel est le sens de la loi, elle se nomme *doctrinale*.

Une seconde espèce d'interprétation se fait par voie générale et règlementaire, au moyen d'une déclaration solennelle portant que telle disposition législative doit toujours être entendue en tel sens plutôt qu'en un autre.

Il est évident que l'interprétation doctrinale seule peut faire l'objet des travaux du jurisconsulte.

L'interprétation générale ou règlementaire sort du domaine de la science proprement dite, *pour rentrer dans celui du législateur*.

Nous allons, en peu de mots, résumer les principales règles de l'interprétation doctrinale; nous aurons ensuite à nous expliquer sur l'interprétation législative.

CHAPITRE PREMIER.

De l'art d'interpréter les lois.

L'art d'interpréter les lois est presque aussi nécessaire que les lois elles-mêmes.

Tout en considérant avec respect les œuvres du législateur, nous ne pouvons oublier que par cela seul qu'il était homme, il n'aura pu soustraire son ouvrage à quelques imperfections. Mais pour nous la présomption doit être que la loi est bien faite quant à la *forme* et quant au *fond*.

Le législateur est censé avoir exprimé sa pensée à l'aide d'expressions claires et précises.

En second lieu, nous devons rencontrer une conformité parfaite entre *les motifs de la loi* et ce qu'elle a effectivement sanctionné.

Ces prémisses nous permettent de conclure :

1° Qu'il faut avant tout s'attacher au texte de la loi, pour le bien saisir dans son sens naturel. C'est le texte qui doit nous faire connaître la véritable pensée du législateur. L'étude du texte constitue l'*interprétation grammaticale.*

2° Ce n'est qu'autant que l'étude du texte ou l'*interprétation grammaticale* ne nous présenterait pas un sens clair qu'il faudrait quitter la *lettre qui tue* et rechercher *l'esprit qui vivifie.* Dans ce cas, nous devons étudier les motifs ou les raisons de la loi qui nous révèleront l'intention présumée du législateur. Les règles qui nous dirigent dans cette recherche forment ce qu'on appelle l'*interprétation logique.*

SECTION PREMIÈRE.

INTERPRÉTATION GRAMMATICALE.

L'interprétation grammaticale étant la première voie qu'il nous faut employer pour découvrir le sens et la portée des préceptes juridiques, nous allons essayer de chercher les moyens qu'elle nous fournit.

En général, les interprètes divisent les règles de la grammaire en trois parties (Mailher de Chassat, De l'interprét. des lois, § IX).

Ils s'attachent d'abord à la *partie philologique* de la grammaire; celle-ci nous démontre l'authenticité des textes. En effet, les interprètes veulent s'assurer, avant de les soumettre à leurs recherches, s'ils sont sortis des mains du législateur dans l'état matériel dans lequel ils se présentent. Cette recherche fait éprouver au philologue de grandes difficultés, dont nous indiquerons les plus fortes.

C'est d'abord l'époque de la confection ou de l'écriture des textes; ensuite les différents genres d'écriture, de caractères ou abréviations qui ont été employés; puis les lacunes, altérations, défauts de ponctuation et autres fautes commises par l'incapacité des copistes et typographes. Enfin, le philologue doit aussi rechercher et combattre les fausses interprétations, quelque grandes que soient les autorités qui les entourent; mais il doit se garder d'une témérité dangereuse, et ne jamais oublier que, lorsqu'un texte de loi offre un sens clair, vouloir lui en donner un plus naturel ou meilleur, c'est s'ériger en législateur et méconnaître la tâche de l'interprète.

La seconde partie des règles de la grammaire forme la *partie technique*, qui a pour objet la régularité des termes et des locutions. L'authenticité des textes une fois assurée, il s'agit de dissiper les obscurités et les équivoques qui peuvent naître des expressions qui manquent tant de clarté que de précision. A l'égard de ces défectuosités et autres semblables, nous renvoyons aux règles de la grammaire auxquelles il faut faire appel.

Nous ajouterons toutefois que, pour ce qui concerne la *valeur des expressions* qui se trouvent dans les textes, l'interprète consultera principalement leur étymologie, leur définition, ainsi que leur origine, si ce sont des idiotismes.

L'*étymologie* employée avec discernement a l'avantage de ramener les mots à leur signification propre et naturelle, qui est toujours la meilleure définition.

Quant aux *définitions*, il faut consulter celles données par les auteurs dont le nom fait autorité et celles consacrées par la loi, lorsque les défectuosités n'en ont pas été démontrées par les auteurs.

Les étymologies et les définitions sont de toute nécessité pour bien comprendre le sens et la portée des termes de la loi. Car rappelons-nous qu'indépendamment des expressions ordinaires de chaque langue, il existe nécessairement de ces mots techniques auxquels les hommes supérieurs attachent une signification toute particulière. En effet, plus les faits dont une science doit s'occuper sont nombreux, plus loin elle étend les limites de son horizon, plus aussi la langue se complique, et plus la création des mots propres à représenter ces faits devient-elle nécessaire : on donne aussi au langage une richesse qu'il ne possédait pas.

La *partie métaphysique* de la grammaire embrasse toutes les nuances, toutes les finesses, toutes les variétés du langage; elle se lie à la littérature, aux sciences, aux arts, etc. De là la nécessité pour l'interprète de faire une étude spéciale de cette partie de la philosophie; car si ce dernier devait faire des législations anciennes l'objet de ses recherches, il s'adresserait à la métaphysique (Mailher de Chassat).

SECTION II.

DE L'INTERPRÉTATION LOGIQUE.

Il est évident que ces mots *interprétation logique*, pris dans un sens général et absolu, s'appliqueraient à tous les modes d'interprétation.

Mais dans un sens spécial et restreint, on entend par interprétation logique celle qui recherche le but que se proposait le législateur, et qui consulte avant tout les motifs de la loi.

L'interprétation logique devient nécessaire lorsque les termes de la loi semblent en désaccord avec la pensée de son auteur; lors encore que la loi présente deux ou plusieurs textes difficiles à concilier, lors enfin que les termes employés par le législateur paraissent insuffisants pour exprimer toutes ses idées.

Dans tous ces cas, les auteurs nous enseignent que, pour interpréter sainement la loi, nous devons procéder en vue du but du législateur, et nous guider d'après ses motifs.

Suivant Mailher de Chassat (§ 97 de son traité), on entend par ces mots : *les motifs de la loi*, l'ensemble de toutes les causes éloignées et prochaines qui ont donné naissance à la loi.

Le but de la loi, c'est le résultat que le législateur se propose d'atteindre; ce but est indiqué par la loi elle-même.

L'interprétation logique ainsi définie se divise en interprétation *extensive*, *restrictive*, ou simplement *déclarative*, selon qu'il s'agit d'étendre, de restreindre ou seulement d'expliquer les termes ou les expressions à raison desquels l'interprétation est nécessaire.

§ Ier.

Interprétation extensive.

La loi n'a pu prévoir et régir spécialement tous les cas particuliers. De là la nécessité de faire comprendre dans la loi des cas qui, s'ils n'y rentrent pas d'après sa lettre, paraissent du moins devoir y être renfermés d'après ses motifs présumés ou certains.

On admet généralement que, pour qu'il y ait lieu à l'extension de la loi, il faut trois conditions :

1° *Identité de motifs* entre les cas *exprimés* et ceux *omis* par le législateur;

2° *Similitude* ou du moins *analogie* entre ces mêmes cas;

3° Enfin, il faut que le législateur n'ait point interdit l'extension, soit expressément, soit tacitement.

Un exemple nous servira de démonstration à l'appui des règles cidessus.

L'art. 315 du Code Napoléon établit comme présomption légale que l'enfant né moins de 300 jours après la dissolution du mariage est réputé conçu durant le mariage. Cette présomption de légitimité est inscrite au Code sous la rubrique de la paternité et de la filiation. On s'est demandé si cette présomption légale s'étendrait au cas où il s'agirait de recueillir une succession collatérale. M. Chabot, dans son Traité des successions, enseignait que, par cela seul que l'art. 725 du Code Napoléon s'était borné à dire que pour succéder il fallait *exister*, sans rappeler à nouveau la présomption légale sanctionnée en l'art. 315, la preuve contraire pourrait être admise contre cette présomption.

Mais cette doctrine a été repoussée par la Cour de Paris et par celle de cassation (arrêts des 29 juillet 1819 et 8 février 1821). Les raisons qui ont porté la jurisprudence, et les auteurs qui ont écrit après M. Chabot, à repousser l'opinion de ce dernier, sont puisées dans la discussion des motifs du Code Napoléon. Le législateur a voulu mettre fin à des débats souvent scandaleux; il a entendu fixer l'état des enfants au moyen de règles fixes et invariables. On ne peut supposer qu'en fermant la porte à ces débats, quand il s'agit de successions en ligne directe, le législateur ait permis le scandale en matière de successions collatérales.

Il y avait ici, à l'appui de l'interprétation extensive, la réunion des trois circonstances que nous énumérions plus haut.

En général, il est vrai de dire qu'alors qu'on veut interpréter la loi d'une manière extensive, il est surtout nécessaire de considérer la loi dans son ensemble et dans toutes ses parties. Tel texte pris isolément permettrait peut-être une extension repoussée par un autre texte ou par l'économie de l'ensemble de la loi. Il faut, dans ces cas, se rappeler la règle du Droit romain : *Incivile est, nisi tota lege perspecta, una aliqua particula ejus proposita judicare vel respondere* (l. 24, ff. *de legibus*).

On fait aussi souvent abus, en matière d'interprétation extensive, de l'argument des contraires, *a contrario sensu.*

Cet argument se fonde sur les deux règles de droit : *Qui dicit de uno, negat de altero; — unius inclusio fit alterius exclusio.* L'application de ces deux règles ne peut être faite qu'avec un grand discernement. Ce mode d'argumentation pèche notamment dans le cas suivant :

Si le sens contraire est en opposition avec un texte spécial ou avec les principes généraux du droit. Cet argument n'est donc concluant que lorsqu'on part d'une disposition exceptionnelle pour retourner aux principes du droit commun (Aubry et Rau, t. Ier, p. 79).

L'argument *a fortiori* ne doit pareillement être employé au sujet de l'interprétation extensive que dans les cas ci-dessus exprimés.

M. Rolland de Villargues cite comme abus de ce mode d'argumentation le langage que tiendrait un prodigue sollicitant sa propre interdiction, et se fondant sur ce que la loi autorisant les parents et l'époux à provoquer l'interdiction du prodigue, ce droit serait à plus forte raison concédé par le législateur au prodigue lui-même. L'interprétation extensive dans ce cas serait contraire aux trois principes que nous avons posés plus haut : 1° Il n'y a pas identité de motifs entre la disposition de loi qui s'applique aux parents ou à la femme du prodigue et la disposition que le prodigue lui-même voudrait introduire en sa faveur; 2° il n'y a pas similitude entre les deux cas; 3° enfin, par cela seul qu'en matière d'interdiction le législateur a limité le droit d'action à un petit nombre de personnes, on peut dire qu'il a refusé ce droit à toutes celles qui ne sont pas spécialement désignées.

§ II.

Interprétation restrictive.

L'interprétation restrictive a pour objet de soustraire à l'application de la loi des cas qui, s'ils y rentrent d'après sa lettre, paraissent du moins devoir en être exclus, d'après ses motifs présumés ou certains.

Ainsi, le législateur s'exprime d'une manière générale dans une définition qu'il donne en commençant la loi; plus loin, il rejette cet énoncé en totalité ou en partie, ou bien il y déroge. Dans ce cas, il est certain que le texte de loi renfermant la définition devra être interprété dans un sens restrictif.

On peut dire en général qu'il y a lieu de recourir à l'interprétation restrictive, lorsque les termes dont le législateur s'est servi, par négligence ou par nécessité, emportent un sens plus étendu que celui que le législateur entendait leur attribuer.

Lorsque le cas se présente, il faut, pour découvrir la véritable portée du texte, interroger les motifs de la loi, et employer les diverses règles de l'interprétation logique que nous avons analysées plus haut.

Les conditions requises pour qu'il y ait lieu à interprétation restrictive peuvent se résumer en trois principales :

1° On exige que le cas n'ait pas été *formellement prévu*, et qu'il paraisse simplement rentrer dans la loi d'après sa lettre ;

2° Que le cas que nous voulons soustraire à l'application du texte de la loi *ne rentre pas dans les motifs de ce texte;*

3° Enfin, il ne faut pas que le législateur ait interdit expressément ou tacitement l'interprétation restrictive.

Il est certaines lois qui doivent en général être interprétées dans un sens restrictif. Ainsi, toutes les lois pénales ne peuvent être étendues d'un cas à un autre. Quelle que soit l'identité des motifs entre les cas exprimés et ceux omis par le législateur, quelque similitude ou quelque analogie qu'il y ait entre ces mêmes cas, le juge ne peut, à prétexte d'interpréter logiquement la loi, punir un fait que le législateur n'a point spécialement frappé.

Il en est de même des lois qui règlent des matières spéciales, de celles relatives aux servitudes ou aux obligations, et, en général, de toutes celles dont l'effet serait d'imposer aux personnes ou aux héritages une charge quelconque, etc. Toutes ces lois doivent être interprétées dans le sens le plus strict.

Quelques auteurs admettent encore de nombreuses autres subdivisions pour la science de l'interprétation des lois. Nous croyons que ces dénominations multipliées sans utilité doivent être rejetées. A proprement parler, l'interprétation logique est la seule réelle; la logique sert au jurisconsulte à expliquer la loi; elle sert au juge à appliquer au fait la loi sainement expliquée. Nous nous sommes étendus sur deux subdivisions de l'interprétation logique : il nous reste à dire quelques mots sur une troisième subdivision relative à l'interprétation purement déclarative.

§ III.

Interprétation déclarative.

Dans l'interprétation déclarative, il ne s'agit pas d'étendre ou de restreindre la portée d'un texte de loi. L'interprétation déclarative suppose un texte de loi obscur, équivoque ou ambigu. Dans ce cas, il faut procéder au moyen des règles de l'interprétation logique et au moyen de celles relatives à l'interprétation grammaticale. C'est même tout d'abord grammaticalement qu'il faut procéder : *In ambiguis orationibus maxime sententia spectanda est ejus qui eas protulit* (l. 96, ff. *de reg. jur.*).

Ce n'est qu'autant que le sens grammatical ne pourrait être déterminé clairement, ou qu'autant que ce sens obtenu paraîtrait en opposition avec un motif certain de la loi, qu'il faudrait alors s'arrêter à l'intention du législateur, *etenim qui ambigue loquitur, non utrumque dicit sed quod sensit et voluit* (l. 3, ff. *de rebus dubiis*).

L'interprétation déclarative n'a donc pour but que de s'assurer du véritable sens de la loi; elle est la plus naturelle des interprétations, car elle n'ajoute rien et ne retranche rien à la loi.

Enfin, quelques auteurs ajoutent aux interprétations dont nous venons de parler, et comme subdivision de l'interprétation logique, une quatrième espèce : c'est l'interprétation *par analogie*.

Quand il y a véritablement identité de rapports dans les choses, dit M. Proudhon (De l'usuf., t. I, p. 42), le juge qui applique à une cause la décision portée pour une cause semblable ne donne point une interprétation extensive à la loi; il ne fait plutôt que soumettre à la même règle une espèce particulière, qu'on doit considérer comme subordonnée à la généralité du principe qu'il invoque.

Il est à remarquer cependant que l'interprétation par analogie n'est pas indistinctement concluante. Tel serait, par exemple, le cas où on argumenterait par simple comparaison d'une chose à une autre. Quelque séduisante que puisse être une semblable manière de raisonner, elle ne peut figurer qu'au rang des preuves accessoires, et elle sera toujours dans le genre de celles qui sont loin d'opérer par elles-mêmes une véritable conviction, car il n'y a rien dans la nature qui ne soit susceptible d'être attaqué par des objections de comparaison.

CHAPITRE II.

De l'interprétation législative.

Jusqu'ici nous nous sommes occupés de l'interprétation en tant que science, doctrine ou jurisprudence; mais lorsque ces ressources sont insuffisantes, on a recours au législateur, qui interprète par *voie d'autorité.* C'est à ce point de vue que le Droit romain a posé ce principe : *Ejus est interpretari cujus est condere;* principe qu'il ne faut point entendre dans un sens absolu, mais seulement avec cette restriction que le législateur qui fait la loi a seul le pouvoir de rendre son interprétation obligatoire pour tous.

On peut compter à cet égard dans l'histoire de notre droit cinq régimes principaux.

§ Ier.

Régime antérieur à la loi du 16-24 *août* 1790.

Les rois, en France, s'étaient toujours réservé l'interprétation de leurs ordonnances.

L'ordonnance de 1667 sanctionnait ce principe de droit public, en permettant aux cours de justice de faire au roi, en tout temps, des représentations sur ce qu'elles jugeront à propos, sans que, sous ce prétexte, l'exécution de la loi puisse être arrêtée (voir ordonn., tit. Ier, art. 3).

L'art. 7 du même titre est plus explicite encore : il porte que, si dans le jugement des procès qui seront pendants aux parlements ou autres Cours, il survient quelque doute ou difficulté sur l'exécution de quelques articles des ordonnances, édits, déclarations et lettres patentes, *Sa Majesté défend aux Cours de les interpréter,* et veut qu'en ce cas elles aient à se retirer devers elle pour apprendre son intention.

§ II.

Régime depuis 1790 *jusqu'à la loi du* 16 *septembre* 1807.

Sous l'empire de nos constitutions modernes, on a de nouveau proclamé ce principe que l'interprétation de la loi n'appartient qu'au souverain.

Ainsi la loi du 24 août 1790 (art. 12, tit. II) enjoint aux juges de s'adresser au *Corps législatif* toutes les fois qu'ils croiraient nécessaire soit d'*interpréter une loi,* soit d'en faire une nouvelle.

La même règle a été répétée dans le décret du 27 novembre et 1er décembre 1790 (art. 21), dans la Constitution du 3 septembre 1791 (tit. III, chap. 5, art. 21), et on la retrouve jusque dans la Constitution du 5 fructidor de l'an III (art. 256).

Toutefois, l'art. 52 de la Constitution du 22 frimaire an VIII avait réservé au Conseil d'État la solution des difficultés qui pourraient s'élever en matière administrative.

Plus tard, l'art. 11 de la loi du 5 nivôse an VIII conféra à la même autorité le soin de développer le sens des lois sur le renvoi qui lui en était fait par les consuls. Mais l'interprétation règlementaire restait toujours au Corps législatif.

Sous l'empire de la loi de 1790, le référé au législateur pour l'interprétation des lois était *toujours facultatif* de la part des tribunaux et de la part de la Cour de cassation.

C'est pour obvier à l'abus que les tribunaux faisaient de ces référés, en s'abstenant de juger, que l'art. 4 du Code Napoléon les a interdits. Mais ces dispositions ne s'adressaient pas d'une manière absolue à la Cour de cassation. Le référé était forcé sous la loi du 3 septembre 1791, lorsque le jugement avait été cassé *deux fois,* et qu'un troisième tribunal jugeait en dernier ressort dans le même sens que les deux premiers. La loi du 3 fructidor de l'an III (art. 256) ordonnait le référé après une seule cassation.

Enfin, l'art. 78 de la loi du 27 ventôse an VIII abrogea les référés et voulut que la Cour de cassation statuât, en chambres réunies, sur le recours dirigé contre le second jugement, conforme au premier annullé par la Cour de cassation.

§ III.

Régime de la loi du 16 *septembre* 1807.

Cette loi accordait au pouvoir exécutif le pouvoir d'interpréter.

L'art. 2 portait: L'interprétation est donnée dans la forme des règlements d'administration publique. Sous ce régime, le référé était *facultatif* pour la Cour de cassation avant qu'elle ne prononçât son second arrêt (art. 3). Il était *forcé* lorsqu'après deux cassations dans la même affaire, entre les mêmes parties et fondée sur les mêmes moyens la troisième décision était encore attaquée par les mêmes moyens (art. 195).

§ IV.

Régime de la loi du 30 *juillet* 1828.

Cette loi rendit au pouvoir législatif la faculté d'interpréter. Aux termes de cette loi, lorsque la Cour de cassation avait annulé deux arrêts ou jugements en dernier ressort rendus dans la même affaire entre les mêmes parties et attaquées par les mêmes moyens, le jugement de l'affaire était dans tous les cas renvoyé à une Cour royale qui prononçait, toutes les chambres réunies.

L'arrêt de la Cour royale mettait donc fin au procès entre les parties; puis l'art. 3 disposait: dans la session législative qui suit le référé, *une loi interprétative est portée aux chambres.*

La loi de 1828 était simple et logique; le procès était terminé par le troisième arrêt de Cour royale; la cassation des deux premiers arrêts ne produisait d'autre conséquence que celle d'éveiller l'attention du législateur sur une loi obscure, ambiguë et contradictoire; le législateur devait immédiatement corriger ce que son œuvre avait d'imparfait.

§ V.

Régime de la loi du 1er *avril* 1837.

Des susceptibilités hiérarchiques étaient froissées par la loi de 1828. Dès l'année 1837, cette loi fut rapportée; M. le garde des sceaux de l'époque nous apprend dans son Exposé des motifs : «Que ce système «portait une grave atteinte à la Cour de cassation; car elle était, pour «ainsi dire, placée dans un état d'infériorité vis-à-vis des Cours «royales. Ce n'était plus la Cour suprême qui fixait la jurisprudence; «ses arrêts n'étaient en quelque sorte que des consultations que les «Cours royales pouvaient accepter ou refuser.»

En conséquence, la loi du 1er avril dispose (art. 2) que si le deuxième arrêt ou jugement est cassé par les mêmes motifs que le premier, la Cour royale ou le tribunal auquel l'affaire est renvoyée *se conformera à la décision* de la Cour de cassation sur le point de droit jugé par cette cour.

Et l'art. 3 porte: La Cour royale statuera en audience ordinaire, à moins que la nature de l'affaire n'exige qu'elle soit jugée en audience solennelle.

La loi de 1837 ne parle plus de l'interprétation législative; le référé n'est plus obligé, ni même facultatif pour les corps judiciaires : elle s'occupe exclusivement du sort d'un procès dont les arrêts ont subi successivement deux cassations. Que doit devenir l'affaire dans ce cas? faut-il laisser à la Cour de renvoi la plénitude de son droit? ou faut-il obliger cette Cour de renvoi à s'incliner devant l'opinion deux fois manifestée par la Cour suprême? c'est à ce dernier parti que s'est arrêté le législateur de 1837; mais la Cour de cassation prononce, toutes les chambres réunies (art. 1).

Il ne nous appartient pas de juger du mérite des lois qui nous régissent, et de peser les opinions divergentes qui, dans un laps de neuf années ont successivement amené deux lois sur la matière.

Ce que nous dirons en terminant cette première partie, c'est qu'il est incontestable aujourd'hui, comme sous l'empire du Droit romain, comme sous la monarchie antérieure à 1789, comme sous la période de la monarchie constitutionnelle, que le droit d'interpréter la loi n'appartient et ne peut appartenir qu'au pouvoir souverain.

CHAPITRE III.

De l'application des lois.

La loi une fois sanctionnée sort du domaine du pouvoir législatif, et l'application en est confiée au pouvoir judiciaire.

Le ministère du juge est donc d'appliquer la loi; esclave de la loi, il doit en respecter le texte et l'esprit.

La séparation du pouvoir législatif d'avec le pouvoir judiciaire, aujourd'hui fondamentale, ne fut pas toujours aussi bien observée. Nous entendons parler des anciens parlements, qui, à l'exemple des préteurs romains, étaient autrefois dans l'usage de rendre des *arrêts de règlements*, c'est-à-dire de déclarer d'avance et d'une manière générale comment ils décideraient telle ou telle question dans l'étendue de leur ressort. Ces règlements, tout en épargnant aux parties les frais d'appel, produisaient cependant une grande confusion entre les deux pouvoirs, et étaient un obstacle à l'uniformité des lois du pays. (Demolombe, t. Ier, n° 109.)

Aujourd'hui, aux termes de l'art. 5 du Code Napoléon, il est défendu aux juges de prononcer par voie de disposition générale et règlementaire sur les causes qui leur sont soumises.

Mais si les juges ne doivent statuer que sur les causes qui leur sont soumises, ils doivent toujours et nécessairement statuer sur toutes celles qui leur sont soumises. L'art. IV du Code Napoléon le leur enjoint expressément : «Le juge qui refusera de juger sous prétexte du silence, de l'obscurité ou de l'insuffisance de la loi, pourra être poursuivi comme coupable de déni de justice.» En effet, dans une société policée, nul ne peut se faire justice à lui-même, et pour que cette maxime, sur laquelle repose l'ordre public, soit équitable et obéie, il faut que toute contestation soit résolue par les magistrats.

Partant de là qu'il est obligatoire aux juges d'appliquer la loi, voyons de quelle manière elles sont appliquées.

1° *Lois de police et de sûreté.* — Les lois de police et de sûreté, porte l'art. III du Code Napoléon, *obligent tous ceux qui habitent le territoire.* De telles lois, disait M. Portalis, obligent indistinctement tous ceux qui habitent le territoire, Français et étrangers, parce qu'il importe à l'État de veiller à sa conservation; or, comment l'État pourrait-il se conserver et se maintenir, s'il existait dans son sein des hommes qui pussent impunément enfreindre sa police et troubler sa tranquillité.

Mais il ne faudrait pas tirer de là la conséquence que toute autre espèce de lois, les lois civiles par exemple, ne sauraient obliger les étrangers qui habitent la France. Il existe, en effet, une foule de cas où la loi civile oblige l'étranger comme le Français.

Supposons cependant un étranger récemment arrivé en France; pourrait-il invoquer comme excuse légitime son ignorance des lois, non de celles qui, dans tous les pays, condamnent les mauvaises actions, mais de ces lois de police locale? L'affirmative paraît de prime abord équitable et logique. Mais cette doctrine ne peut être appliquée, d'abord parce que les textes de la loi ne comportent aucune distinction de ce genre, ensuite parce que l'intérêt général s'y oppose. Les lois de police et de sûreté deviennent obligatoires dès l'instant de leur promulgation; mais les peines qu'elles édictent ne peuvent frapper que les faits répréhensibles commis depuis cette époque.

2° *Lois personnelles.* — Les lois personnelles ont pour objet l'état et la capacité des personnes. Elles sont, quant à nous, en quelque sorte attachées à la qualité de Français et le suivent en tout lieu. Quant à l'étranger, son état et sa capacité sont réglés par la loi de son pays, pourvu que cette loi n'introduise pas un ordre de choses que la loi française repousse comme immoral.

Elles consistent particulièrement à déterminer: 1° son état, par exemple, s'il est majeur, mineur, légitime, enfant naturel, etc.; 2° sa capacité, par exemple, s'il peut se marier, faire une donation, un testament, contracter, etc.

Il est de principe que les lois personnelles saisissent l'individu et ont leur effet du jour de leur promulgation, et régissent dès cet instant, mais pour l'avenir seulement, sa capacité civile. L'état civil des personnes, dit un arrêt de la Cour de cassation du 12 juin 1815, étant subordonné à l'intérêt public, il est au pouvoir du législateur de le changer ou modifier selon les besoins de la société, et l'influence qu'il a sur les biens n'étant qu'un effet de cet état, est subordonnée aux mêmes variations que l'état lui-même, parce que cette influence n'est que secondaire.

3° *Lois réelles.* — Les lois réelles ont essentiellement pour objet la disposition des biens; elles ont anssi pour objet les personnes, mais secondairement et parce qu'à l'idée des biens se rattache nécessairement celle de l'homme qui les possède.

Le principe général, en cette matière, est que les immeubles, même ceux possédés par des étrangers, sont régis par la loi française (art. 3 C. Nap.)

De là dérivent plusieurs conséquences :

1° L'étranger qui possède des immeubles en France ne peut, comme le Français, en disposer à titre gratuit, au préjudice de ses enfants ou de ses ascendants, que jusqu'à concurrence de la quotité disponible.

2° Il ne peut les hypothéquer que par les mêmes moyens et dans les mêmes formes qu'il pourrait le faire s'il était Français.

3° Ils sont régis dans sa succession *ab intestat*, non par la loi de son pays, mais par la loi française.

Les meubles, individuellement considérés, sont également régis par la loi du pays où ils se trouvent. Mais le patrimoine mobilier, en tant que patrimoine, reste soumis aux lois personnelles de son propriétaire.

A la différence des lois personnelles, qui saisissent les personnes du jour même de leur promulgation, pour régler leur capacité et opérer ensuite secondairement des effets sur les biens, les lois réelles ne régissent que les conventions passées sous leur empire; elles ne s'appliquent pas aux conventions antérieures, parce que celles-ci ont formé pour les parties des droits acquis.

Ainsi, c'est la loi en vigueur à l'époque du contrat qui régit irrévocablement tout ce qui touche à sa substance, à sa forme, à son interprétation, et il importe peu que les droits qui en résultent ne s'ouvrent que postérieurement sous l'empire d'une loi nouvelle, qu'ils soient subordonnés à des conditions ou à des événements non encore accomplis; dans tous ces cas, il y a *droit acquis* à l'époque du contrat, et il ne dépend plus des parties ni de la loi d'en anéantir les effets, car on sait que les lois n'ont pas d'effet rétroactif.

4° *Lois d'ordre public.* — Ce sont celles qui intéressent l'ordre général de la société. L'art. 6 du Code Napoléon porte «qu'on ne peut déroger par des conventions particulières aux lois qui intéressent «l'ordre public et les bonnes mœurs.»

Il y a deux espèces de lois qui intéressent l'ordre public :

1° Celles qui ont pour objet principal et direct l'intérêt ou l'ordre public; l'intérêt privé n'en est que la conséquence; par exemple, les lois institutives des divers pouvoirs de la société, celles qui en règlent la forme et l'action, en déterminent la compétence, par suite l'ordre des juridictions;

2° Celles qui, quoique paraissant n'avoir que l'intérêt privé pour objet, tiennent néanmoins à l'ordre public, et se trouvent par là placées sous les dispositions prohibitives de l'art. 6.

Quant aux lois relatives à la forme des actes, le Code Napoléon a conservé la règle : *Locus regit actum.* Cette règle soulève une sérieuse difficulté; c'est de savoir si elle est aussi bien applicable aux actes sous seing privé qu'aux actes authentiques. Or, on sait que la différence entre l'acte authentique et l'acte sous seing privé est uniquement une différence de forme. Ainsi, la forme sous seing privé, dans un pays qui admet cette forme pour tel ou tel acte, doit équivaloir à la forme authentique dans un autre pays qui exigerait l'authenticité pour ce même acte; car cette différence n'est pas intrinsèque, mais extrinsèque; elle n'est pas dans le fond, mais dans la forme; elle est donc sous l'empire de notre règle.

JUS ROMANUM.

De interpretatione et applicatione legum.

PROŒMIUM.

Interpres animum attendere debet ad *sinceritatem* scripturæ. Hoc officio per artem criticam fungitur.

Cognoscere debet interpres: 1° auctorem et ætatem cujusque textus, 2° proprietates sermonis librorum juris.

Recte præcipitur ut lex tota legatur: incivile est nisi tota lege perspecta una aliqua particula ejus proposita judicare vel respondere.

SECTIO I.

DE GRAMMATICA INTERPRETATIONE.

Agitur in hac interpretatione de significatione quæ *ex verbis legis* et ex *structura* et *connexione orationis emergit.* In dissertatione gallica jam vidimus unde scripti obscuritas oritur, et multa alia quæ ad hanc thesim pertinent.

Præcipuæ regulæ grammaticæ interpretationis sunt:

1° Ex variis significationibus vocabuli æque admittendis, hæ potissimum accipiuntur quæ melius cum cunctis et singulis simul orationis verbis conveniunt, et quæ magis congruunt cum illis quæ aliunde inveniuntur.

Interpretatio magis conveniens sensui, probari debet. Interpretatio omnis quæ verbis non congruit, rejicienda.

2° Generaliter a regulis loquendi scribendique communibus non censetur legislator recessisse. Interpretatio nunquam tantum valet, ut sit melior sensu.

3° In ambigua voce legis, ea potius accipienda est significatio quæ vitio caret; præsertim cum etiam voluntas legis ex hoc colligi possit. Interpretatio sumenda quæ magis verisimilis est.

4° Demum, si propter humanam imbecillitatem aut penuriam linguarum fit, ut scribentium voluntates minus plene nec sola verborum interpretatione capiantur, *grammaticæ interpretationi logica adjungitur.*

SECTIO II.

DE INTERPRETATIONE LOGICA.

In hoc genere interpretationis *exquiritur ratio legis ad detegendam voluntatem legislatoris.* Vocamus *rationem legis* id unde tanquam e principio quodam superiore lex perfecta est.

Constant omnes leges verbis et sententia. Verba sunt quibus lex quæque scripta est. Sententia autem, quod lex, ex scriptis sentire et velle intelligitur. Mens legis idem : ut cum dicimus, verba legis captanda non esse, sed qua mente quid dicetur animadvertendum. Interpretatio non sumenda a verbis, sed potius ab effectu et mente.

In legibus sententia totum facit. Non enim lex est quod scriptum est, sed quod legislator voluit, quod judicio suo probavit et recepit et hac solum de causa leges nos tenent.

Logicæ interpretationis præcipuæ regulæ continentur in generalibus regulis juris Digestis collectis (ff. t. 17, l. 50).

Interpretatio illa sumenda quæ magis convenit subjectæ materiæ Interpretatio justa et congrua rationi naturali semper fieri debet.

Interpretatio justa prævalet propriæ verborum significationi. Ex consuetudine maxime debet lex interpretationem recipere. *Optima enim legum interpres est consuetudo* (ff. de reg. jur.). Tamen non valebit auctoritas consuetudinis, si cum *verbo vel ratione legis* pugnet.

Logica interpretatio ad extensum sensum aut ad sensum restrictum tendit. Adest interpretatio extensiva si propter latiorem sententiam legis sensus litteralis producatur.

Legis ratio omnes complectitur casus quæ quandoque in eam cadere poterunt. Hinc illud proverbium : *Ubi eadem ratio, ibi eadem legis dispositio.*

Interpretatio ad jus commune reducens pia censetur et favorabilis. Interpretatio lata fieri debet, ut res recipiat antiquum statum (Mantica de conject., lib. 6, tit. 6, n° 3). Nam interpretatio non debet aliquid novi inducere. Interpretatio in dubio est facienda pro dote (l. 85, ff. de reg. jur.) in favorem causæ piæ, item pro paupere.

Adest interpretatio *restrictiva si propter angustiorem sententiam legis sensus litteralis restringitur.* Lex enim non trahatur ad eas species quæ verbis contineri viderentur ratione legis adversante; *cessante ratione legis, cessat ejus dispositio.*

Paucis verbis, angustior est interpretatio cum lex plus scripsit, minus voluit : latior est contra, cum lex minus scripsit, plus voluit.

In duobus modis admittitur : quod contra rationem legis receptum est, non producendum esse ad consequentias (l. 141, ff. de reg. jur.). Interpretatio illa sumenda qua contrarietas et repugnantia vitatur In obscuris, quod minimum est sequimur, alias odiosa restringenda (l. 9, ff. de reg. jur.).

Quoties dubia interpretatio libertatis est, secundum libertatem, respondendum erit (l. 20, ff. de reg. jur.).

In toto jure generi per speciem derogatur et illud potissimum habetur quod ad speciem directum est (l. 80, ff. de reg. jur.). Sic cum quæstio de emptione et venditione, de locatione et conductione agitur, applicare debet judex venditionis et emptionis aut locationis regulas, non autem de obligationibus generalia præcepta.

Posteriora prioribus derogant contrariis. Posteriores leges ad priores pertinent, nisi contrariæ sint.

Inest hoc in legibus ut cum de earum interpretatione agitur, non solum priores ex posterioribus, sed etiam posteriores ex prioribus et interpretationem et temperamentum accipiant. De prioribus legibus non dubitatur : hæ enim obnoxiæ sunt posteriorum legislatorum decretis et constitutionibus qui cum potestate possunt priores vel totas abrogare, multo magis ex parte corrigere. De posterioribus ipsis temperandis dubitatur. Cum enim non solum hæ tempore posteriores sunt, sed etiam posterior legislator priores, si vellet mutare, novum videri potest, sic dixerimus, posteriores leges generales a prioribus, quæ in speciem ejusdem generis aliud statuant et temperari debere (Donellus, lib. I, cap. 13, § 15).

Interpretatio quæ fit per legem, dicitur manifesta probatio et præfertur et prævalet aliis.

Interpretatio diu servata non facile mutanda. Interpretatio communis doctorum non est deserenda.

Interpretatio sumenda quæ magis in se benignitatem continet et vitanda quæ rigorem indicit

Interpretatio recipienda quæ æquitati satisfacit.

Interpretatio hominis cessat, ubi manifesta est et expressa legis interpretatio. Interpretatio legis dicitur ipsa lex.

DROIT COMMERCIAL.

De la confusion des créances et des obligations résultant de la lettre de change.

La confusion, dans le sens le plus large que les jurisconsultes donnent à ce mot, est, en général, l'union ou le mélange qui opère le changement ou l'anéantissement de plusieurs choses.

Ce terme, pris en ce sens, a trois acceptions. Il peut signifier : 1° le mélange de plusieurs matières appartenant à des personnes différentes (art. 573 et suiv., C. Nap.) ; 2° la réunion dans la même main de différents droits que l'on peut avoir sur une chose (art. 617 et 705, C. Nap.); 3° enfin, le concours ou la réunion dans un même sujet de deux droits ou de deux qualités dont l'une anéantit l'autre ou qui se détruisent mutuellement. Cette dernière espèce de confusion est la seule dont nous aurons à parler (Toullier, De la confusion). Elle s'opère aux termes de l'art. 1300 du Code, lorsque les qualités de créancier et de débiteur se réunissent dans la même personne.

L'effet de la confusion est d'éteindre et d'anéantir les droits et les obligations incompatibles, qui se trouvent réunis ou confondus dans la même personne. Elle les éteint aussi complétement que le paiement ou l'accomplissement réel de l'obligation l'aurait pu faire. *Confusione perinde atque genere solutionis tollitur omnis obligatio,* dit fort bien Cujas. Elle les éteint en totalité, si la totalité des droits et des obligations se trouve réunie dans la même personne, ou seulement pour la portion qui s'y trouve réunie. Si le débiteur ne succède au créancier ou le créancier au débiteur que pour une moitié, un quart, etc., la confusion ne s'opère également que pour une moitié, pour un quart, etc. C'est un principe général qu'il faut appliquer à tous les cas de confusion, et ce principe n'est qu'une conséquence de la maxime que les droits et les obligations se divisent de plein droit.

La confusion est donc aussi une voie de paiement. Elle s'opère dans plusieurs cas, comme nous chercherons à le démontrer.

La confusion peut s'opérer entre le porteur et l'accepteur d'une lettre de change.

Pothier dit à ce sujet: «la créance que renferme la lettre de change peut aussi s'éteindre par la confusion, lorsque le propriétaire de la lettre de change est devenu héritier pur et simple de l'accepteur qui en est débiteur, ou *vice versa,* lorsque l'accepteur est devenu héritier pur et simple du propriétaire de la lettre de change, ou lorsqu'un tiers est devenu héritier pur et simple de l'un et de l'autre. Car tous les droits du défunt, et ses qualités, soit de créancier, soit de débiteur de la lettre de change, passent en la personne de son héritier. (Contr. de change, n° 190).

Mais supposons que l'héritier ait accepté la succession sous bénéfice d'inventaire. Qu'arrivera-t-il dans ce cas? y aura-t-il encore confusion?

Non, ici plus de confusion; car les deux personnes du défunt et de l'héritier, ne se confondant pas, restent par cela même entièrement distinctes, et l'art. 802 du Code Napoléon nous dit expressément que «l'effet du bénéfice d'inventaire est de donner à l'héritier l'avantage : 1° de n'être tenu du paiement des dettes de la succession que jusqu'à concurrence de la valeur des biens qu'il a recueillis, etc.; 2° de ne pas confondre ses biens personnels avec ceux de la succession et de conserver contre elle le droit de réclamer le paiement de ses créances.»

Lorsque les qualités de créancier et de débiteur se réunissent dans la personne de l'accepteur, le tireur, les endosseurs et le donneur d'aval sont libérés des obligations que le contrat de change leur imposait : d'un côté la dette n'existe plus, de l'autre ces débiteurs n'étaient tenus qu'éventuellement, pour le cas où l'accepteur refuserait de payer. Or, ce refus devient impossible (Locré, Confusion, Esprit du Code de commerce).

Tout est fini alors pour les endosseurs et pour le donneur d'aval, parce qu'ils n'ont pas d'engagements ultérieurs. Le tireur, au contraire, s'il n'avait pas fait provision, demeurerait obligé envers l'accepteur non par suite du contrat de change qui ne subsiste plus, mais par le contrat de mandat qui le soumet à rembourser à l'accepteur, son mandataire, la somme que celui-ci s'est remboursée à lui-même à la décharge de ce tireur.

L'extinction de l'obligation principale qui a lieu lorsque le créancier devient héritier du débiteur principal, opère aussi l'extinction de l'obligation des cautions. La raison en est que les obligations des cautions ne sont qu'accessoires de l'obligation du débiteur principal; d'où il faut tirer la conséquence qu'elles ne peuvent plus subsister quand l'obligation principale ne subsiste plus.

Mais l'extinction de l'obligation de la caution qu'opère la confusion lorsque le créancier succède à la caution, ou que la caution succède au créancier, n'entraîne pas l'extinction de l'obligation principale : cette différence vient de ce que l'obligation principale n'a pas besoin de l'obligation accessoire pour subsister.

La confusion qui s'opère dans la personne d'un débiteur solidaire ne profite à ses codébiteurs solidaires que pour la part dont il était tenu dans la dette.

Ainsi je suppose trois personnes qui sont solidairement obligées; toutes ont un égal intérêt dans la dette; l'une succède au créancier; elle n'aura d'action contre chacune des deux autres que pour les deux tiers; et la confusion aura lieu pour l'autre tiers.

Quid, si l'un des codébiteurs succède à l'autre? Dans ce cas, il n'y aura pas de confusion : le codébiteur héritier sera tenu d'une double part de la dette.

La confusion qui s'accomplit dans la personne du tireur libère et l'accepteur et les endosseurs et le donneur d'aval. Car, dans cette hypothèse, le tireur est le garant de tous. Cependant, s'il avait fait la provision, il aurait action contre l'accepteur pour la retirer.

Enfin, quant aux endosseurs, il faut s'en tenir au principe que l'extinction de l'obligation accessoire n'entraîne pas celle de l'obligation principale; par conséquent, la confusion opérée dans la personne d'un endosseur ne change que sa position particulière vis-à-vis de celui dont il est devenu l'héritier, ou *vice versa*.

Quid, si la confusion s'opère entre le porteur et son endosseur immédiat?

Cette confusion ne donne lieu qu'à l'extinction de l'obligation particulière qui avait été contractée par cet endosseur envers le porteur de la lettre de change et de l'action qui aurait pu en résulter. Mais la lettre de change subsiste contre l'accepteur et les autres endosseurs et contre le tireur.

Si la confusion s'accomplit dans la personne du donneur d'aval ou de la caution fournie en vertu des art. 151 et 152 du Code de commerce, le contrat accessoire du cautionnement sera seul anéanti; la lettre ou le billet conserveront leur force à l'égard de l'accepteur, du tireur et des endosseurs, car la confusion qui s'opère dans la personne de la caution n'entraîne pas l'extinction de l'obligation principale (C. Nap., art. 1301).

Tels sont les différents cas de confusion qui nous ont paru les plus fréquents et les plus propres à être cités. La difficulté de la matière et surtout la rareté des cas de confusion peuvent seules être cause de l'oubli de quelques-uns d'entre eux.

Vu par le doyen soussigné, président de la thèse,

Strasbourg, 17 fév. 1853. C. AUBRY.

FIN.

www.ingramcontent.com/pod-product-compliance
Lightning Source LLC
LaVergne TN
LVHW010309230826
846091LV00007BB/2795

9782013340083